Erhard Riedel

Dresden und de Auswärdschn

Ein Gästeführer plaudert aus dem Nähkästchen

Illustrationen Uta Bettzieche

Dresden-Entdecker

Einleitung

Ein Hohelied auf einen Berufsstand

Jedes Jahr am 21. Februar ist der „Welttag des Gästeführers". Aber kaum einer weiß das oder nimmt es zur Kenntnis.

Dabei kann die verantwortungsvolle Aufgabe dieses Berufsstandes nicht genug gewürdigt werden. Der Gästeführer trägt dazu bei, eine Stadt oder ein Land weithin bekannt zu machen. Er vermittelt den Besuchern den allerersten Eindruck.

Unser Berufsstand im Osten Deutschlands ist im Gegensatz zu westlichen Reiseländern relativ jung. Selbstständig zu entscheiden, wann, wohin, aus

welchem Grund und wie lange jemand reist, erfordert persönliche Freiheit. Das war bei uns in der DDR nur sehr eingeschränkt möglich.

Den Beruf des „Stadtbilderklärers" gab es natürlich. Reisegruppen aus „Freundesland" wurden Fremdsprachlern zugewiesen. Westliche Reisegruppen hingegen erforderten und bekamen eine besondere Betreuung. Erst mit der politischen Wende entzog man sich der „staatlichen Fürsorge".

Westliche Reiseunternehmen entdecken nun auch die östlichen Länder. Von da an entwickelte sich aus dem politischen und wirtschaftlichen Umbruch auch der Tourismus nach heutigem Standard. Aus den verschiedensten Berufen und Branchen, aus Lehrern, Ingenieuren, Künstlern und historisch Interessierten formierte sich eine Zunft an Stadt- und Gästeführern.

Interessant zum aktuellen Zeitpunkt ist die personelle Zusammensetzung. Von den über 200 Mitgliedern im Gästeführerverband Dresden sind fast 80 Prozent weiblich. Die Mehrheit ist jenseits der 40. Die Jugend fehlt nahezu ganz. Die meisten haben fachspezifische Abschlüsse. Ähnlich sieht es bei den etwa 100 nicht organisierten Freiberuflern aus.

In Deutschland ist unser Beruf nicht geschützt. Wer sich berufen fühlt, darf sich „Gästeführer" nennen. Das lockt mitunter schwarze Schafe auf den Plan, die glauben, mit ein paar Anekdoten und mehr als fragwürdigen Kenntnissen das „schnelle Geld" zu verdienen. Das verdienen nicht mal die gut und solide ausgebildeten Gästeführer. Aber sehr bald trennt sich die Spreu vom Weizen. Zumal der Beruf beschwerlich ist und vollen Einsatz zu allen Tageszeiten, Verzicht auf Feiertage, Feierabend, knapp bemessenen Urlaub, Einsatzbereitschaft, Durchhaltevermögen und Kraft erfordert. Resistent muss man sein gegen jede Art von Wetter und leichteren Krankheiten. Ständige Weiterbildung und gutes Allgemeinwissen sind Voraussetzungen. Allen Gästeführern gemein ist - sie brennen für ihren Beruf.

Inhalt

Es gibt immer irgendwann das erste Mal	6 - 7
Mit einer Operettenlegende auf Tour	8
Die „Nimm die mit droff" - Geschichte	8 - 9
Die Legende vom Goldenen Reiter	10
Eine Karawane in Dresden?	10
Darf ich Sie nach Ihrem Alter fragen …?	11
August und seine 365 Kinder	12
Die Legende vom schlagenden Herzen Augusts	13
Meine (fast) verpasste Führung	14
Nur die Harten komm' in Garten	15
Platzkonzert	16 - 17
Alsterwasser	18
Zwangsumtausch	18
Missverständnis	19
Gäste aus Australien	20 - 21
Die Legende um das „Blaue Wunder"	21
Die Morgenandacht	22 - 23

Inhalt

Kühe statt Kultur	24 - 25
Telefonitis	26 - 27
Die Suche nach dem „Blauen Zimmer"	27
Warum sind die Sandsteine so schwarz?	28 - 29
Eine Orgel für Heidenoldendorf	30 - 31
Null Bock auf Barock	32 - 33
Pferdezüchter aus LL	34
Mit mir könn'ses ja machen …	35
Glocken für die Frauenkirche	36 - 37
Fahrt nach Depenau	38 - 39
Der sächsische Dialekt	40
De Säks'sche Lorelei	41
Meine Frau Adam	42
Der Mensch lebt nicht vom Brot allein	42 - 43

Es gibt immer irgendwann ein erstes Mal

Es war im Mai 1990. Die politische Wende war gerade sieben Monate her, die Menschen voller Hoffnung, manche auch enttäuscht. Das Dixieland-Festival aber war, wie alle Jahre seit 1971, ein Spektakel für die Dresdner und eine willkommene Abwechslung in dieser komplizierten Zeit.

Jahrelang hatte ich im Rahmen des Dixieland-Festivals im Kongress-Saal des Hygiene-Museums Konzerte organisiert. Ein Riesenaufwand, finanziert und unterstützt durch Pentacon Dresden. Das Budget war gering. Enthusiasmus statt Kommerz. Wie jedes Jahr spielten an dem Abend vier Gruppen, zwei aus dem sozialistischen und zwei aus dem kapitalistischen Lager, einträchtig und engagiert. In meiner Hand lagen Organisation, Ausgestaltung der großen Bühne und nicht zuletzt auch die Moderation. Der in den 50er Jahren umgebaute Saal mit seinem ansteigenden Rang bot etwa 1150 Dixiefans Platz. Die Stimmung war wie stets ausgelassen. Und dennoch: Man merkte, es war irgendwie anders. Die Wende war vollzogen. Die Betriebe produzierten noch und waren durch die Treuhand noch nicht „abgewickelt". Auf der Bühne prangte bereits eine Werbung der Brauerei, die Bier mit Felsquellwasser braute.

Der Saal war nicht mehr ganz gefüllt. Ich machte am Mikrofon eine dazu passende Bemerkung, dass die leeren Plätze wohl bislang von der Firma Horch und Guck belegt gewesen wären ...

Diesmal spielten neben bekannten östlichen Gruppen auch eine Gruppe aus Westberlin, die „Sir Gusche Band". Sympathische Jungs und exzellente Musiker. Ich baute sie als Höhepunkt des Abends ein. Nach dem Konzert luden mich die Westberliner noch zu einem oder besser mehreren Bieren und einem angeregten Gespräch ein. Sie wollten am nächsten Tag unsere Stadt besichtigen. Und ob ich wohl so nett wäre ...

Wie wohl die meisten Menschen nimmt man zwar seine Umwelt wahr, die schönen und weniger schönen Seiten. Aber mit Historie und Stadtgeschichte im erweiterten Sinne hatte ich mich so intensiv, dass es für eine Führung gereicht hätte, noch nie befasst. Aus heutiger Sicht würde ich meine damalige Stadtführung deshalb als „ausbaufähig" bezeichnen. Nach Besichtigung der Innenstadt endete unser Rundgang schließlich am Körnerplatz im Dresdner Osten, der sich damals noch in einem erbarmungswürdigen Zustand befand. Wir verabschiedeten uns sehr herzlich.

Plötzlich und völlig unerwartet zückten meine Musiker Geldscheine (Westgeld!) und stopften sie mir in meine Hemdtasche. Ich war völlig überrascht. Das kannte ich nicht. Ich war ja schon stolz und zufrieden, dass sie mir ihre neueste Schallplatte, handsigniert, geschenkt hatten. Daran, so meinten sie, müsse ich mich nun gewöhnen, dass Leistungen in diesem System entsprechend entlohnt würden.

Die Platte habe ich heute noch. Das Geld leider nicht mehr ...

Mit einer Operettenlegende auf Tour

An eine weitere Führung der besonderen Art im Jahre 1992 erinnere ich mich gern. Ich war damals an der Staatsoperette für die Öffentlichkeitsarbeit zuständig. Eine Premiere des einst so gefeierten Komponisten Robert Stolz stand bevor, der neben einem reichen Nachlass an Melodien, schönen Erinnerungen der eingeschworenen Operettengemeinde auch seine geliebte Einzi, seine in Hamburg lebende Ehefrau hinterlassen hatte.

Sie war zur Premiere eingeladen und nun Gast in Dresden. Und mir oblag es, sie und die damals mitgereiste bekannte Schauspielerin Daniela Ziegler durch Dresden zu begleiten.

Frau Stolz war sichtlich entsetzt über den Zustand von Schloss, Taschenberg-Palais und des Terrains rund um die Ruine der Frauenkirche und der Innenstadt. Sie brach in Tränen aus. „Ruinen, 47 Jahre nach dem Krieg", sagte sie, „mitten in der Stadt, die dereinst als eine der schönsten Städte Europas galt."

Wenn sie nur heute unsere Stadt sehen könnte ...

Die „Nimm die mit droff" - Geschichte

Eine Fahrt über die älteste Brücke Dresdens, die August der Starke von Baumeister Pöppelmann im Wettbewerb um die schönsten Brücken Europas umbauen ließ, gehört zu einer Stadtführung meist dazu. Lustig finden manche Gäste, wenn ihnen die Geschichte vom dauergeilen August erzählt wird. Wenn August der Starke mit der Kutsche über die Brücke rollte, soll er dem Kutscher beim Anblick der legendär schönen Sachsenmädels (die

angeblich in Sachsen auf Bäumen wachsen) zugerufen habe: Nimm die mit droff und die mit droff ...

Der Hintergrund dieser Anekdote ist den meisten Besuchern bis heute unbekannt. Die Brücke hieß während der DDR-Zeit „Dimitroff-Brücke". Benannt nach einem bulgarischen kommunistischen Arbeiterführer, der 1933 im Zuge des Reichstagsbrandes in Berlin vor dem Reichsgericht wegen Hochverrats angeklagt wurde. Der Mann war so gewieft, dass er sich ohne Anwalt selbst verteidigte und das Gericht durch seine Gegenattacken in den Wahnsinn trieb. Er musste damals zähneknirschend freigesprochen werden.

Aus dieser Geschichte machten die Dresdner einen eher harmlosen politischen Witz als augenzwinkernden Protest gegen die Umbenennung der Brücke. Und der funktionierte auch nur mit unserer sächsischen Mundart.

Heute heißt sie wieder nach August dem Starken, „Augustusbrücke".

Die Legende vom Goldenen Reiter

Hartnäckig hält sich die Sage, dass zu DDR-Zeiten in der Ulbricht-Ära ein Student am Goldenen Reiter emporgeklettert sei und ein auf humorvolle Art gestaltetes Protest-Gedicht befestigt habe.

„Lieber August, steig hernieder
und regiere Sachsen wieder!
Lass in diesen schweren Zeiten
Walter Ulbricht weiterreiten!"

Die Story wurde allerdings auch schon zu Adolfs Zeiten erzählt. Und ganz sicher schon in früheren und noch früheren Zeiten, in denen die Leute mit den Regierungen nicht zufrieden waren. Vielleicht findet sich ja wieder mal einer ...

Eine Karawane in Dresden?

„Entschuldigung", sprach mich ein auswärtiges Ehepaar an, „können Sie uns sagen, wo wir die Karawane finden?"

??? Ich verstand nicht.

„Na, die auf dem großen Wandbild."

„Sie meinen sicher den Fürstenzug?"

„Ja, genau den ..."

Darf ich Sie nach Ihrem Alter fragen ... ?

Bei einer Führung von Brandenburgern durch Dresdens Innenstadt fiel mir eine kleine, ältere, äußerst muntere Dame auf, die sich während der ganzen Zeit in meiner Nähe aufhielt. Sobald sich eine Gelegenheit ergab, sprudelte sie los: Einmal in der Woche ginge sie schwimmen, einmal tanzen, einmal in die Bibliothek, ins Theater, wandern ...

Am Ende der Führung vor der Frauenkirche, nach fast zweistündigem Fußmarsch, erzählte sie immer noch. Ich musste sie in ihrem Redeschwall bremsen, um mich zu verabschieden, entschuldigte mich für meine Unhöflichkeit und bat sie, mir doch ihr Alter zu verraten. Sichtlich stolz baute sie sich mit ihren 160 cm Lebendgröße vor mir auf, lächelte und antwortete: „In wenigen Tagen werde ich 100!"

Das Ganze hat noch eine Steigerung. Drei Jahre später hatte ich wiederum eine Gruppe aus Brandenburg. Gleich zu Beginn sprach mich eine Frau an, sie solle mich herzlich grüßen von Frau Schulze. Ich hätte jährlich mehrere tausend Gäste, antwortete ich. Und Schulze? Na, die Frau, die damals 100 wurde, erklärte mir die Dame. Sie sei nur deshalb nicht mitgekommen, weil sie ja kürzlich erst in Dresden war ...

Meine Hochachtung. Wenn so alt, dann so!

August und seine 365 Kinder

Wie oft hört man diese Geschichte. Nicht einmal hinter vorgehaltener Hand, nein, ganz offen. Es ist aber auch zu pikant: 365 Kinder soll er gezeugt haben. Ein Leuchten kommt in die Augen der heutigen Frauen. Das waren noch Kerle.

Aber auch das ist eine Legende. Sicher wird irgend jemand mal spöttisch gesagt haben: Der hat ja Kinder wie das Jahr Tage. August soll mit seiner unbändigen Kraft Hufeisen verbogen und jeden unter den Tisch gesoffen haben. Seine Lenden sollen unermüdlich gewesen sein.

Na gut, kein Fernsehen, keine Unterhaltungsindustrie, abends nicht mal elektrisches Licht. Die Räume meist saukalt. Da verzog man sich eben beizeiten mit einer gebratenen Gans, einer oder mehrerer Fläschchen Wein und einer der zahlreichen Schönen ins warme Bett zum Kuscheln ... Der einfache Mann war an sein liebes Weib gebunden, bis dass der Tod sie schied. Aber auch die haben ihr Bestes getan. Acht bis zehn Kinderchen waren normal. Sowas kommt eben von sowas ...

Aber August, als König, war doch nicht an derartige Abmachungen gebunden. Etliche Mätressen, Gattinnen von Höflingen (die notfalls zu wichtigen Aufgaben auf Dienstreise geschickt wurden) und was ihm sonst noch im Schloss oder auf Reisen in die Quere kam, wurden vernascht. Wie viele Kinder auf diese Weise später das Licht der Barockzeit erblickten, wird nie zu erfahren sein. Offiziell bekannt hat er sich zu neun Kindern.

Übrigens: Eins hatte er sogar mit seiner eigenen Frau.

Die Legende vom schlagenden Herzen Augusts

Und dann gibt es da noch so eine Story. Die müssen Sie unbedingt erfahren.

August der Starke starb 1733 in Warschau als Kurfürst von Sachsen und König von Polen, der er immerhin 36 Jahre lang war und damit mächtigster Herrscher in Europa. Auf seinen Wunsch ließ er sich im Wawel in Krakau in der Fürstengruft beisetzen. Das heißt, nicht ganz. Sein Herz, das zeitlebens für Sachsen und ganz besonders für die schönen Frauen schlug, wurde in einer silbernen Kapsel nach Dresden gebracht und in der Hofkirche in der fürstlichen Gruft beigesetzt.

Bis dahin stimmt´s.

Nun erzählt man sich seit damals Folgendes: Sobald ein hübsches Mädchen nahe der Außenwand am Gotteshaus vorübergeht, fängt Augusts Herz wild an zu schlagen.

Kommt denn der arme Kerl nie zur Ruhe?

Ich kann dieses Phänomen bestätigen. Wie oft hatte ich in Reisegruppen junge attraktive Frauen, die beim Vorübergehen an besagter Außenwand völlig irritiert zu mir kamen: Fühlen Sie mal, wie mein Herz rast. Ich fühlte und konnte sie dann mit obiger Geschichte beruhigen.

Na, man wird doch wohl ein bisschen träumen dürfen.

Meine (fast) verpasste Führung

2007 – wir waren beim Hausbau. Ich hatte den Tag frei und erst am nächsten Tag die Übernahme einer 5-Tage-Gruppe. Den Tag wollte ich nutzen und stand in Arbeitsklamotten auf dem Gerüst, als das Telefon klingelte. Wo ich denn bliebe, 45 Leute säßen abfahrbereit im Bus.

Ich war mir keiner Schuld bewusst. Der Fahrer war da, die Leute warteten – die sind in der Mehrheit und haben sicherlich recht, schlussfolgerte ich messerscharf. Mein Büro war zehn Kilometer entfernt: Kein Kalender, keine Zeigebilder für die Stadtführung. Der Bus stand am Hotel in Radeberg, ich hoch droben auf dem Berg im Dresdner Osten.

Ich käme, aber nicht ganz standesgemäß, deutete ich an. „Komm nur", sagte der Fahrer lachend.

20 Minuten später war ich vor Ort. Die Gäste nahmen es mit Humor. Führung gerettet.

Nur mir war es natürlich peinlich. Nicht allein wegen der Gäste, die akzeptierten ja meine missliche Lage. Aber die Kollegen. Wenn die mich in dem Aufzug sahen. Und mitten in Dresden.

Das war das einzige Mal, dass ich einen falschen Termin in meinen Kalender eingetragen hatte. Die Grundanforderungen an Gästeführer sind: exakte Buch-, in dem Fall Kalenderführung. Pünktlichkeit. Stets die vorletzte Möglichkeit nutzen. Denn merke: Busfahrer sind Multiplikatoren. Die haben bei ihren Pausen auf den Parkplätzen viel Zeit, um sich Neuigkeiten auszutauschen …

Nur die Harten komm´ in Garten

Es gibt anerkannte Berufskrankheiten. Ob das, was sich bei mir entwickelte, auch zu den Berufskrankheiten zählt, da bin ich mir nicht sicher. Obwohl unsere Zunft nahezu resistent ist gegen Unpässlichkeiten, private Krisen und Krankheiten. Man erwartet, dass wir ausgeschlafen, frohgelaunt, und ansehnlich vor eine Gästeschar treten. Wer fragt uns, ob wir nicht auch persönliche Probleme haben, eine Handwerkerrechnung zu hoch ausgefallen ist, in der Frühe unsere geliebte Hauskatze verstorben ist … Wir trotzen Wind und Wetter. Lächeln, wenn nörgelnde Gäste an allem und jedem etwas auszusetzen haben. Wir sorgen für gute Laune und beantworten alle Fragen. Oder fast alle.

So nach und nach machte sich bei mir nach jahrelanger Belastung durch die schwere Stadtführertasche auf der linken Schulter ein Schmerz bemerkbar, der lange geduldig ertragen und mit Schmerztabletten bekämpft wurde. Dann konnte ich den Arm gar nicht mehr bewegen. Keine Jacke an- oder ausziehen. „Frozen Shoulder" attestierte der Arzt. Muss operiert werden. Gefroren war sie sicher nicht, aber unbeweglich. Die einseitige Belastung hatte das Schulterdach eingedrückt und hemmte das sicher mal von der Natur als nützlich erfundene Kugelgelenk. Mitten in der Hochsaison. Also wurde die OP frühmorgens angesetzt. Vollnarkose. Danach fuhr mich die besorgte Gattin in die Stadt. Punkt 10 Uhr stand ich mit einem verpackten linken Arm auf dem Theaterplatz vor meiner Gruppe. Nicht nur Indianer kennen keinen Schmerz.

Ich sag ja: Nur die Harten …

Platzkonzert

Das wohl nachhaltigste Konzert meines Lebens hörte ich ausgerechnet in der Sächsischen Schweiz, und zwar von einer Reisegruppe aus dem Schwarzwald, deren Kern aus einer Trachtengruppe von etwa sechs Musikern bestand. Ihre Trachten hatten sie zwar nicht an, aber zumindest ihre Instrumente dabei. Schon in Dresden wollten sie unbedingt ihr bravouröses Können unter Beweis stellen. Nur mit Mühe gelang es mir, sie in der Frauenkirche und im Zwinger davon abzuhalten, versprach ihnen aber, auf der Bastei dürften sie …

Es war Sommer. Und es war ziemlich heiß. Vom Busparkplatz gingen wir in Richtung Basteiaussicht. Eine muntere Truppe mit weiblichem Anhang.

Kurz vor der Aussichtsplattform, da wo das Bierzelt steht, die Wege sich teilen hinunter zur Basteibrücke oder zum grandiosen Ausguck aus 194 Metern Höhe ins Elbtal, genau da packten sie ihre Instrumente aus und huben an. Die Blasmusik erschallte im Rund. Leute blieben stehen und freuten sich ob der Klänge.

Nach einem zweiten Musikstück kam plötzlich die Kellnerin des Bierzeltes mit einem Tablett voll Bier. Ich kenne keinen Musiker aus dieser Sparte, der so etwas entsetzt abgewiesen hätte. Nur, wer war der noble Spender? Ein Herr erhob sich unweit von uns an einem Tisch mit einer Gruppe älterer Herren. Er sei, begann er, bewegt und erfreut, dass ihm seine Freunde anlässlich seines heutigen 70. Geburtstages eine solche Überraschung bereitet hätten. Zum Wohl, rief er in die Runde. Die Musiker denken da nicht groß darüber nach, von wem solch eine Runde kommt. Die Hauptsache, sie kommt. Am Tisch machte sich Erstaunen und eine Diskussion breit. Bis auch der Letzte mitbekam, dass es sich hier um einen Zufall handelte.

Die Schwarzwälder spielten inzwischen wieder. Und ein zweites Tablett wurde gereicht. Mit einer Runde Schnaps. Die Stimmung stieg. Bier, Musik und Schnaps wechselten sich ab. Die Umstehenden ahnten vielleicht, dass sich das Ganze zu einem Volksfest auszuweiten begann. Die tranken, sangen und schunkelten mit. Irgendwann musste ich aber daran erinnern, dass wir eigentlich aus einem anderen Grund hier waren. Keine Chance. Sie spielten und soffen weiter.

Nur soviel noch: Während ihre Frauen die einmalig schöne Landschaft besichtigten, hatten ihre Kerle weder den Blick auf die Elbe noch die Brücke gesehen. Mit weichen Knien und ziemlich abgefüllt hatten sie Mühe, den Bus zu erreichen.

Diesen Erfolg hätten sie in der Frauenkirche garantiert nicht gehabt.

Alsterwasser

Mit einer Gruppe aus Hamburg war ich zum Mittagessen in einer bekannten Dresdner Gaststätte. Eine Dame, die am Nebentisch saß, bestellte bei der Bedienung „Alsterwasser". Die junge Kellnerin wusste nicht, was die Dame meinte. Alsterwasser? Das führten sie nicht, antwortete sie. Aber … Vielleicht wollte sie fragen, ob es ein Glas Elbewasser auch tut? Sie bräuchte gar nicht weiterzureden, bestand die Dame energisch, sie wolle Alsterwasser.

Ich stand auf, winkte die verschreckte junge Bedienung zur Seite und sagte ihr, sie soll einfach ein Radler bringen. Das brachte sie ihr.
„Ihr Alsterwasser, bitte schön."

„Warum denn nicht gleich so", fauchte die Dame.

Zwangsumtausch

2015 im Sommer. Ich erwartete am Busterminal „Am Zwingerteich" eine Gruppe aus dem Allgäu.

Während die meisten Gäste der Toilette zustrebten, hatte es ein Herr eilig, mich zu konsultieren, ob es in der Nähe eine Bank gäbe. Er müsse dringend noch Geld tauschen. Wohin er denn noch zu reisen gedenke, fragte ich.

Na, für hier. Für Dresden. Oder kann man hier auch mit Euro bezahlen?

Missverständnis

In einer Reisegruppe, die ich durch Dresden führte, fiel mir eine sehr attraktive, etwa 30-jährige dadurch auf, dass sie stets neben mir lief und viele, zum Teil recht interessante Fragen stellte. Nun kann man natürlich mal die eine oder andere Frage, die auch die anderen Gäste interessiert, beantworten. Aber man hat als Gästeführer ein bestimmtes Zeitkontingent, möchte möglichst viele Sehenswürdigkeiten zeigen und Interessantes dazu erzählen. Da sollte man sich nicht in Zwiegespräche verwickeln lassen.

Die Führung war zu Ende und die Wissensdurstige hatte immer noch Fragen. Bis zur nächsten Führung hatte ich noch 90 Minuten Zeit, die ich gern als Mittagspause nutzen wollte. Ich bot ihr also an, dass ich ihr in meiner Pause noch Fragen beantworten würde und lud sie zu einem Kaffee ein.

„Gern", flötete sie erfreut, „aber nur ‚mit Gummi' …"

Gäste aus Australien

Ein Ehepaar aus Australien besuchte mit seinen beiden halbwüchsigen Kindern Dresden. Ich hatte sie mal mitten im australischen Busch kennen gelernt. Ursprünglich Holländer, die schon viele Jahre da lebten. Sie hatten mir ihre Gegend gezeigt und ich hatte versprochen, ihnen meine zu zeigen. Die beiden Kinder hatten Europa noch nie gesehen und kamen ausgerechnet im Dezember in Dresden an.

Wir fuhren vom Flugplatz in die Innenstadt. Ich zeigte dies und das und bemerkte, dass die Kinder irgendwas bedrückte. Als ich bei ihnen wohnte, waren sie lustig und ausgelassen gewesen. Nun diese Mienen. Na, vielleicht müssen sie mal und trauen sich nicht zu fragen. Also fragte ich. Sie mussten und wollten nicht! Der Schreck stand ihnen ins Gesicht

geschrieben. Sie hätten nie und nimmer geglaubt, wie weit bei uns die Umweltzerstörung schon fortgeschritten sei. Kein Baum habe mehr Blätter ... Erleichtert mussten wir derart lachen, was nun die Kinder verwirrte. Sie wussten nicht, dass bei uns die Bäume im Winter die Blätter verlieren. Bei ihnen zu Hause fällt lediglich die Rinde ab.

Wir waren alle erleichtert.

Die Legende um das „Blaue Wunder"

Wenn sich eines lange hält im Volke, dann sind es Legenden. Dazu zählt auch, dass bei der Errichtung des „Blauen Wunders", der stählernen Elbbrücke mit ihrer unverwechselbaren Silhouette, 1893 als fünfte Brücke in Dresden fertiggestellt, beim ersten Anstrich grüne Farbe verwendet worden sei. Grün besteht, wie wir wissen, aus blauen und gelben Farbpigmenten. Durch intensive Sonnenbestrahlung sei der gelbe Anteil verblasst und fast über Nacht habe die Brücke ihre blaue Farbe angenommen.

Falsch: Kaufbelege beweisen, die Brücke ist von Anfang an mit blauer Farbe gestrichen worden.

Legenden eben ...

Die Morgenandacht

Österreicher habe ich besonders gern. Ihre Art zu sprechen, ihre Aufgeschlossenheit und ihre heitere Lebensweise. Wiener ganz besonders.

Nun kam einmal eine große Gruppe aus der Wachau. Freundliche Leute. Ich betreute sie mehrere Tage und fand heraus, dass es eine Kirchgemeinde war. Der Pfarrer war mit an Bord und sogar ein „Geistlicher Rat". Ein ehrenvoller Titel, der vom Bischof verliehen wird. Es war Sonntagmorgen und wir waren per Bus auf dem Weg in die Sächsische Schweiz. Plötzlich kam der Herr Pfarrer zu mir und fragte, ob ich nicht eine schöne Stelle wüsste, wo sie einen Gottesdienst abhalten könnten. In einer Kirche?, fragte ich nach. Nein, im Bus.

Wir fuhren kurz hinter Heidenau an den ehemaligen Fabriken vorbei. Direkt an der Elbe entlang. Dort hielten wir an mit Blick auf den Borsberg zur Linken und die Elbauen. Die Busgemeinde sang ein schönes frommes Lied. Dann kam der Herr Pfarrer nach vorn und hielt seine Predigt zum Sonntag. Dann wieder ein Lied aus voller Brust von der kleinen Gemeinde. Nun kam der Herr Rat nach vorn und irgendwie hatte ich den Eindruck, dass die Morgenandacht die spontane Idee des Herrn Pfarrers gewesen war, denn der Herr Rat war etwas „ratlos". Er stellte sich aber seiner Herausforderung, sprach ein Gebet und setzte dann an, ein Lied zu singen, kam aber über die erste Zeile nicht hinaus. Guck mal an, dachte ich. Da aber bekam er von seiner Gemeinde tatkräftige Unterstützung.

Nun aber traf es mich. Herr Pfarrer meinte, ich hätte doch nicht mitgesungen und welcher Konfession ich angehöre. Mich, sagte ich ehrlich, hat der liebe Gott Atheist werden lassen. Und, mit einem Blick auf den Geistlichen Rat, die Bibel kenne ich trotzdem gut. Alle lachten. Sogar der vom Bischof geadelte. Es würde ihn und seine kleine Gemeinde freuen, wenn ich auch etwas zum Gelingen der Morgenandacht beitrüge. Ich durfte eine Predigt auf meine Art beisteuern. Und so sprach ich im Angesicht der neben uns liegenden Trümmer der ehemaligen Papierfabriken, Kunstseiden- und Zellulosewerke, die zu DDR-Zeiten Elbe und Umwelt Schändliches angetan hatten, von der Verantwortung der Menschen für die Erhaltung unserer (Um)Welt …

Was sonst im Gottesdienst nicht üblich ist – ich erhielt Beifall.

Kühe statt Kultur

Jeder Tag ist anders. Manchmal normales Programm. Manchmal ein Tag voller Überraschungen. So auch, als ich eine Gruppe Bauern aus Niederösterreich betreute. Wackere Bäuerlein samt ihren Frauen. Der Reiseunternehmer hatte mir im Vorhinein mitgeteilt, dass die Gruppe nicht so sehr an der sächsischen Kultur interessiert sei. Was aber dann?

Kühe! Kühe? Kühe!!! Und möglichst viele. Sie haben in ihrer Heimat neben dem Weinanbau auch Milchvieh, aber traditionell nur sehr kleine Bestände. Und nun wollten sie mal eine Großviehanlage sehen. Sowas gibt es dort nirgendwo. Die Anfrage kam für mich nicht überraschend. Gerade die österreichischen Bauern fragen oft, wieso es bei uns so große Feldflächen gibt. Da möchte man sich in der DDR-Geschichte auskennen. Speziell in der Umgestaltung der Landwirtschaft in den 50er und 60er Jahren.

Nun, ich empfahl die Agrargenossenschaft Memmendorf bei Chemnitz, gleich nach der Wende 1991 gegründet mit heute fast 100 Beschäftigten. Da fuhren wir hin. Die Genossenschaft war informiert. Etwa 45 Bauern wurden durch den Vorsitzenden freundlich begrüßt und zu einem Rundgang eingeladen. Jeder musste sich desinfizieren und bekam einen weißen Schutzanzug. Sie staunten nicht schlecht über die schiere Größe des Unternehmens. 2.300 Rinder, davon fast 1000 Milchkühe, die sich gerade lauthals vor einem Melkkarussell einfanden, riesige Euter voller Milch fast bis zum Boden. Jede gibt etwa 9.600 kg Milch pro Jahr. Dazu gibt es 1.400 Hektar Land, Grünland, Ställe, Produktion und Verkauf. Die Bäuerlein waren baff. Das hatten sie nicht erwartet. Anschließend konnten sie sich an einem vorbereiteten Buffett von der Qualität des Produzierten überzeugen. Dann kamen Fragen auf.

Ich rätselte schon die ganze Zeit, warum ich da eigentlich dabei sein sollte. Das wurde mir nun klar: Die Agrarleute aus dem Chemnitzer Sprachgebiet verstanden die Österreicher nicht und die nicht die Erzgebirgler. Ich diente als Dolmetscher für die Völkerverständigung.

Telefonitis

Heute hat fast jeder eins. Ein Handy. Die Zeit des Statussymbols ist passé. Flatrate gab es um das Jahr 2000 noch nicht. Es wurde nach Minuten abgerechnet und war richtig teuer. Trotzdem war es erstaunlich, wie viele sich dieses mobile Gerät leisteten. Selbst Kinder hatten es. Natürlich mit der Begründung, dass alle in der Klasse eines hätten.

Eine Schulklasse aus Mecklenburg-Vorpommern, Siebtklässler, kam nach Dresden. An der Eingangstür zur Hofkirche saß ein Bettler und hielt die

Hand auf. Zwei Mädchen, die Bettler noch nie zu Gesicht bekommen hatten, fragten mich, was es damit auf sich habe. Ein Blick auf ihr Handy bewog mich, ihnen die Geschichte des armen Mannes zu erzählen. Er habe, sagte ich, eine Tochter und der habe er zum letzten Weihnachtsfest auf ihr Drängen hin ein Mobiltelefon geschenkt. Sie verursacht damit solch enorme Unkosten, dass er, um die Rechnungen bezahlen zu können, nun Tag für Tag hier sitzt. Etwas verunsichert fragte die eine, ob das denn stimme. Frag ihn doch. Das trauten sie sich aber nicht und gingen nachdenklich weiter.

Leider habe ich keine Dankesbriefe von den geplagten Eltern erhalten, dass das zarte Kind sein Telefonverhalten nach dem Besuch von Dresden geändert habe.

Heute sind die Geräte einfach nur noch eine Plage.

Die Suche nach dem „Blauen Zimmer"

Wer weiß, wie viele Leute das Ehepaar aus Bayern auf seiner Suche nach dem „Blauen Zimmer" schon erfolglos angesprochen hatte. Meinten sie ein Hotel, eine Pension, ein Restaurant, ein Raucherzimmer …? Als Gästeführer hat man einen Blick für Hilfesuchende. Es klärte sich rasch auf, sie meinten das „Grüne Gewölbe".

Warum sind die Sandsteine so schwarz?

Die Frage kommt garantiert! Besonders, wenn ein ganzer Bus voll schwäbischer Hausfrauen anrollt. Eine ganze Weile sehen sie sich das Elend in unserer Stadt stillschweigend an. Aber man sieht, wie es in ihnen brodelt. Irritiert betrachten sie die Gebäude. Schwarze Steine inmitten von hellen. Des isch doch net ... Und nun spätestens bricht es aus ihnen heraus, aus den landesweit für extreme Sparsamkeit und als Synonym für Sauberkeit bekannten, von Kindesbeinen zur Kehrwoche erzogenen, der Werbung „weißer als weiß" und „porentief sauber" ausgesetzten: „Saget Sie, kennet mer des net amol bissle putze!?"

Wir bauen nun mal mit Sandstein. Der kommt aus der Sächsischen Schweiz. Er wird in einem der verbliebenen Steinbrüche gebrochen, im Pirnaer Sandsteinwerk zugeschnitten und an Bildhauer, Steinmetze und Baufirmen geliefert, die ihn in historischen, aber auch in modernen Bauten verarbeiten. Sogar exportiert wurde und wird er seit Jahrhunderten! Nach dem Krieg, in dem viele Gebäude stark beschädigt und die in jahrzehntelanger mühevoller Arbeit wieder restauriert wurden, sieht man den Unterschied Alt und Neu. Sandstein enthält – außer Sand natürlich, auch Eisen, Mangan, Uran ... Kommt das mit Sauerstoff in Berührung, oxidiert es. Sandstein ist offenporig. Je nach Lage, ob wind- und wettergeschützt oder ob Regen, Schnee und Umwelt ausgesetzt, setzen sich Staubpartikel in die Poren. Moose und Flechten bilden sich in den Jahren. Eine natürliche Patina ... Es braucht seine Zeit, bis der neue Sandstein auch wieder alt aussieht und die Farbe seiner Vorgänger angenommen hat.

„Ha noi", antworte ich deshalb ungerührt, „des putze mer net, des lasse mir so, wie´s isch!" Ein etwas beträppeltes Lachen, nachdem ich es wieder geduldig erklärt habe.

Nun war ich vor Jahren im Schwarzwald. In Ottenhöfen. In dem alten Kloster Allerheiligen. Darin ein gemütliches Café und eine ebenso gemütliche Wirtin. Sie brachte mir Kaffee und Kuchen. Als sie merkte, woher ich kam, entschwand sie und kam mit einem gerahmten Etwas zurück, das sie mir voller Stolz zeigte. Ein Stifterbrief für einen gekauften Frauenkirchenstein. Ich war gerührt. 700 Kilometer entfernt von Dresden, mitten im tiefen Schwarzwald. Sie tippte auf eine Stelle an der Außenwand. „Das ist mein Stein", sagte sie. „Oh", erwiderte ich, „da kenne ich welche, gar nicht weit von hier, die wollen die Frauenkirche putzen."

„Schwobe", meinte sie, „des kenne nur Schwobe sei. Mir sei Badener, mir mache so eppisch net."

Wie gut. Denn jedes unserer Gebäude hat seine Geschichte, die auch durch schwarze Steine erzählt wird.

Eine Orgel für Heidenoldendorf

Ein Pfarrer H. meldete sich telefonisch aus Heidenoldendorf in der Nähe von Detmold. Er berichtete von seiner Gemeinde, die durch eine Spendensammlung eine beträchtliche Summe zusammengebracht hatte und sich davon für ihre Kirche eine Orgel in Dresden bauen ließ. Klang spannend. Ich fragte bei Jehmlich an, ob ich mit der ganzen Truppe zum Begucken des Wunderwerkes kommen könnte. Wir durften. Das hat man auch nicht alle Tage. Eine Orgel aus Dresden. Es war ein wunderbarer Tag. Die Gruppe und der Pfarrer bedankten sich und – sie luden mich zur Orgelweihe ein. Und meinten es auch so. Ich freute mich sehr und reiste hin.

Mein Quartier bekam ich beim Pfarrer und seiner Familie. Ich besah mir die Kirche. Ein schrecklicher Bau aus den 60ern. Ein länglicher Kasten, schmucklos, aber mit Empore. Und dort oben sollte sie hin. Das heißt, sie war schon da. Zwei Gesellen der Firma Jehmlich, ein Familienunternehmen in sechster Generation, 1808 gegründet, waren beim Stimmen und den letzten Arbeiten. Am Abend, im Kreise der Familie des Herrn Pfarrers, ein weltoffener freundlicher Mann mittleren Alters, unterhielten wir uns noch lange.

Am nächsten Morgen an der Kirche: Um 10 Uhr sollte das langersehnte Ereignis starten. Als Gästeführer ist man pünktlich. Die ganze Gemeinde war erwartungsfroh schon in und vor der Kirche versammelt. Ich wollte gerade in die Kirche hinein, der Pfarrer stand am Eingang, begrüßte jeden mit Handschlag, auch mich. Und dann raunte er mir beiläufig ins Ohr, dass es doch schön wäre, wenn ich als „Gesandter" Dresdens ein paar Worte an die Gemeinde richten würde. Ich bin gewiss nicht so schnell aus dem Konzept zu bringen, aber so aus der Kalten ...

Die Orgel erklang zum allerersten Mal, gespielt von zwei jungen koreanischen Musikerinnen. Sie spielten deutsche Klassik. Ich hörte um mich herum auch russische Laute und erfuhr, dass die Gemeinde sich die Kirche mit einer anderen Konfession teilt ... Da hatte ich mein Thema.

Ist unser Beruf nicht herrlich? Und so aufregend ...

Null Bock auf Barock

Ehrlich gesagt, Schüler zu führen, ist ein besonderes Kapitel.

Bis zu einem gewissen Alter macht es richtig Spaß. Das ist die Gruppe der Kleinen. Bis zur 5. Klasse etwa. Für sie ist es noch ein ganz besonderes Erlebnis, mit Lehrern und zumeist in Begleitung von Eltern auf Entdeckertour zu gehen. Sie behandeln im Unterricht ihre Heimat, werden vorbereitet und eingestimmt und kommen aufgeregt und voller Erwartung zum Rundgang. Sie haben es gern, wenn sie mit einbezogen werden, sie fragen unentwegt, wollen ihr Wissen gern loswerden und sind bereit, in ein Kostüm zu schlüpfen, Rollen von Prinzessinnen und Höflingen zu übernehmen. Sie lassen sich in eine andere Welt mitnehmen ... Natürlich brauchen sie auch mal Zeit für eine Pause. Sie sind den 45 Minuten-Rhythmus des Unterrichts gewöhnt. Hunger haben sie immer und Mitgebrachtes wird gemeinsam, aufgeregt schnatternd ganz selbstverständlich mitten im Zwinger vertilgt. Meistens müssen sie dann ganz eilig auf Toilette. Zumeist kann man die kleinen Geister in Ermanglung von Kleingeld (das bereits für Süßigkeiten draufgegangen ist) für „lau" in einer Öffentlichen oder einem Restaurant unterbringen. Aber, muss einer – müssen alle. Oft singen sie zum Abschied und als Dank lauthals ein Liedchen. Eine willkommene Abwechslung im Gästeführeralltag.

Anders sieht es aus, wenn die Größeren auf Reisen gehen. Meist am Vorabend mit dem Bus angereist und in einer Jugendherberge abgestiegen, können sie hier, fernab elterlicher Aufsicht, mal so richtig die „Sau rauslassen".... Entsprechend übermüdet, schlechtgelaunt und sowieso null Bock auf Barock, erscheinen sie auf dem Tableau. Die Klassen zu groß, die Schüler mit dem Handy beschäftigt, die Lehrerschaft überträgt die Verantwortung dem Vornstehenden, also uns. Nun sind wir die Lehrer. Ein hartes Brot. Zehn Jahre Steinbruch sind dagegen ein Vergnügen.
Dann gibt es noch die ganz Großen. Abiturienten, Fachschüler, Studenten

zum Beispiel. Sie haben zumeist eine spezielle Aufgabe, ein Thema, das dann später im Unterricht oder im Studium behandelt wird. Die denken und arbeiten also mit.

Fazit: Man muss jede Gruppierung ernst nehmen, sich vorbereiten und die Hoffnung nicht aufgeben, dass sie mal in späteren Jahren an die Stadt, den Ort und die Führung zurückdenken. Mit welchem Resultat auch immer …

Pferdezüchter aus LL

Kühe hatten wir schon. Pferde noch nicht. Wieder Österreicher. Aus dem Linzer Land diesmal. Nix Kultur, keine Sonderwünsche in unserer schönen Gegend. Kein August, und sei er noch so stark und bedeutend gewesen. Pferde wollen sie sehen. Nicht irgendwelche, sondern Haflinger.

Also Dienstfahrt nach Moritzburg ins Gestüt. Der oberste Stallmeister wurde bemüht. Problem erkannt – Problem gebannt. Die sollen nur kommen, meinte dieser. Und dann kamen sie. Fast nur Männer. Ein Bus voll.

Ich hatte keine Ahnung, stand bescheiden und erwartungsvoll dabei. Der Stallmeister gab einen kleinen Einführungsvortrag über die Geschichte des Gestüts. Die reichte fast bis auf die Arche Noah, hatte zumindest ich den Eindruck. Noch etwas Fachsimpelei und dann überquerten wir die Straße und gingen hinüber zu den Ställen. Da kam Freude auf bei den Züchtern und ich konnte nur staunen. Man hat ja seine liebe Mühe, bestimmte Landstriche dieses so sympathischen Ländchens zu verstehen. Nun aber waren sie unter sich. Mühsam hörte ich heraus (übersetzt): „Franz, komm mal schnell. Ist das hier nicht die Mutter von deinem Windhauch?" (oder wie die Edlen so heißen). „Nein, die ist ‚aus' Margarete vom Waldrand." Die kannten alle und jeden Gaul, die Geburtstage besser als den von der Gattin, den lieben Kleinen und der eigenen Verwandtschaft. Noch nie und nie wieder habe ich so viel Fach- und Sachkenntnis, Erklärungen über Abstammung (wer mit wem und wann und wo), Stammbäume von Pferden erfahren.

Fachmann bin ich dennoch nicht geworden. Aber, passt scho …

Mit mir könn´ses ja machen ...

Der Auftrag lautete: Eine Gruppe 10 Uhr ab Semperoper. Etwa 45 Gäste. Ich war wie gewohnt pünktlich da. Nach der allseits beliebten Führung durch das Haus empfängt man die Gäste am Ausgang. Es strömten zahlreiche, sichtlich erfreute und beeindruckte Leute aus der Oper, tauschten ihre Eindrücke aus, verstauten Fotoapparate mit den gespeicherten Kostbarkeiten, die man zu Hause den Zurückgebliebenen voller Stolz präsentieren wird. Andere wiederum, froh, die Stunde ohne Zigarette überstanden zu haben, zündeten sich erst mal eine an.

Als Gästeführer hat man ein Gespür, wen man ansprechen muss. Richtig, eine Dame, die sich suchend umschaute. Wir machten uns bekannt. Die Gruppe müsse noch geteilt werden, meinte sie. Da kämen noch welche für eine zweite Gruppe. Die meisten hatten noch schnell die günstige Gelegenheit genutzt, die operneigene Toilette zu besuchen. Da aber sehr viele die gute Idee hatten, dauerte es.

Nun endlich – die Teilung: Eine Gruppe 48 und die andere 47 Gäste. Ich wollte mit meiner Gruppe davonziehen. Halt! Wo ist die Gästeführerin für die zweite Gruppe? Da war niemand. Und durch die WC-Verzögerung waren schon 10 Minuten vergangen. Da war niemand und dabei blieb es. Die Verantwortliche war ratlos. Sie hatte aber auch keine Telefonnummer und die Kollegin hatte sich auch nicht gemeldet. Schlechte Planung.

So blieb mir nichts anderes übrig, als mit der Menge, einer Völkerwanderung gleich, allein loszuziehen. 95 Gäste. Ein Horror. Eineinhalb Stunden ohne Sprach-Verstärker durch Zwinger und Innenstadt zur Frauenkirche. Als Dank ein freundlicher Beifall. Mehr allerdings auch nicht ...

Glocken für die Frauenkirche

1743 wurde George Bährs verwegener Plan, eine Kirche „ganz aus Stein" bauen zu wollen, Wirklichkeit. Nach ihrer Vollendung stand die Frauenkirche 202 Jahre lang mit der das Stadtbild prägenden Kuppel auf dem Neumarkt. Eine der schönsten Barockkirchen Europas. Sie hatte manchen Kriegen und Angriffen standgehalten, selbst dem Beschuss mit Kanonen.

Ursprünglich war sie im 11. Jahrhundert als Missionskirche entstanden, um hier im Umkreis lebende Sorben, allesamt stockfinstere Heiden und den zugezogenen Siedlern ein Dorn im Auge, zum rechten Glauben zu bekehren. Im letzten Drittel des 12. Jahrhunderts wurde sie zur Pfarrkirche Dresdens. Die Stadt wuchs und mit ihr die Gemeinde. Immer wieder wurde

um-, neu- und angebaut. Am 13. Februar 1945 aber war sie nach dem Angriff auf Dresden nur noch ein Haufen Trümmer. Mahn- und Gedenkstätte für die Dresdener. Ein Zeichen für die Welt.

1989 erscholl der „Ruf aus Dresden", der Wunsch und Wille nach Wiederaufbau. Wenige glaubten an die Realisierung. Die Prioritäten nach der Wende lagen anderswo. Und dennoch: Der Ruf wurde gehört. Es war wie eine Initialzündung. Der Funke sprang über und von überall kam Hilfe jeglicher Art. Stück für Stück, Meter um Meter wuchs sie bis in die Höhe von 91 Metern unter den Augen und der Anteilnahme der Menschen weltweit. Das Turmkreuz, eine Spende des britischen „Dresden Trust" wurde am 13. Februar 2000 unter Anwesenheit von 18.000 Dresdnern, Besuchern und von Medien aus aller Welt vom Herzog von Kent als „Symbol des Leidens und der Versöhnung" übergeben.

Am 3. Mai 2003 durften die Dresdner die sieben neu gegossenen Glocken auf dem Schlossplatz in Empfang nehmen. Einen Tag später wurden sie geweiht und zu Pfingsten 2003 hörte die Welt zum ersten Mal das achtstimmige Geläut. Von den 1518 gegossenen Glocken hat nur „Maria" alle Kriege überstanden und kehrte 1998 zur Frauenkirche zurück. Sie läutet nun vereint mit ihren jüngeren Schwestern und mahnt, dass die Vernunft einziehen möge auf der Welt.

Etwas Persönliches: Noch bevor die Glocken Dresden erreichten, trieb es mich, dahin zu reisen, wo sie gegossen wurden – nach Karlsruhe zur Firma Bachert. Ich hatte mich ordnungsgemäß angemeldet, wurde freundlich empfangen und durfte einen ganzen Tag zusehen, wie unsere Glocken bearbeitet wurden.

Fahrt nach Depenau

Wenn hier eine Gräfin Cosel solch eine Karriere gemacht hat, versucht man doch herauszufinden, was einst ihr soziales Umfeld gewesen war. Klug und schön soll sie gewesen sein. Ein bisschen hitzköpfig. Anna Constanze von Brockdorff. So ihr Mädchenname. Und aus Depenau soll sie stammen. Dem muss man doch mal auf den Grund gehen, dachte ich. Nach einer Motorradtour durch Schweden, Norwegen, Dänemark wollte ich als krönenden Abschluss das „Schloss" Depenau besuchen. Auf der Karte hatte ich mir Depenau schon mal angesehen. Schleswig Holstein, südlich von Kiel. Das lag auch günstig auf meiner Strecke in Richtung Heimat.

Man hat so seine Vorstellungen. Ich zumindest. Mich erwartete ein klitzekleiner Ort, sechs Häuser, keine Gaststätte, nicht mal eine Bushaltestelle. Ich klopfte an einem der wenigen Häuschen. Mir ward aufgetan, ein älterer Herr freute sich, dass sich offensichtlich jemand hierher verirrt hatte, mit dem er ein wenig schwatzen konnte. Mein Anliegen verstand er nicht so recht. Ja, eine Familie Hammerschmidt wohne auf dem Anwesen. Hammerschmidt? Etwa die? Die von der Villa Hammerschmidt in Bonn, die von 1950 bis 1994 Amts- und Wohnsitz des Bundespräsidenten war? Bei aller Bescheidenheit, ja.

Ich knatterte auf das riesige Grundstück. Rechts und links halbverfallene Stallungen und Nebengebäude. Breite Wege und große stattliche Bäume. Und wieder ein, ja, Landhaus. Ich klopfte und eine Dame öffnete. Sie hatte keinerlei Ähnlichkeit mit unserer Anna Constanze. Hammerschmidt stellte sie sich vor. Ein wenig enttäuscht war ich schon, kein prunkvolles Schloss. Und hier, genau hier hat sie ihre Kindheit und Jugend verbracht? Stimmt, meinte Frau Hammerschmidt, hier ist sie aufgewachsen. Annas Vater besaß damals dieses Landgut, das auch als Ausspanne für müde Reisende von und nach Dänemark diente. Fronarbeiter und Leibeigene habe er gehabt, die er sehr schlecht behandelte. Er hatte noch einen Nebenjob als Offizier in dänischen Diensten.

Ich durfte sogar in das ehemalige Wohnhaus, ins Wohnzimmer der (späteren) Gräfin Cosel. Seit 1909 sei es im Besitz der Hammerschmidts. Auf meine Frage, warum denn diese heilige Stätte so viele heruntergekommene Gebäude habe, man könnte doch …, antwortete Frau Hammerschmidt lachend: „Wer kennt hier schon die Cosel, wenn nicht gerade so ein Verrückter aus Dresden mit dem Motorrad hier erscheint?" Ein Fernsehteam aus Sachsen wäre vor Jahren mal hier gewesen.

Von wegen feine Herkunft! Feine Gegend! Irgendwie wie vom „anus mundi", dachte ich. Das möge sich der, den es interessiert, selbst übersetzen. Aber was Feines ist es nicht …

Der sächsische Dialekt

Zunächst: Sächsisch ist keine Sprache, sondern ein Dialekt, der sich wiederum in unterschiedliche Mundarten aufspaltet. Das heutige Sachsen entstand im Wesentlichen ab dem 12. Jahrhundert durch den Zuzug von Franken, Hessen, Thüringern, Niedersachsen und Flandern. Und natürlich durch die hier ansässigen Sorben. Germanische Stämme waren zu Zeiten der Völkerwanderung aus diesem Gebiet größtenteils verschwunden. Und in den freien Raum kamen ab dem sechsten Jahrhundert von Osten und Süden slawische Siedler. Alle diese Kulturen, Sprachen, Traditionen und Brauchtum mischten sich im Laufe des Miteinanders.

Das eigentliche „Sächsisch" wird in Schleswig-Holstein und Niedersachsen gesprochen. Denn wir Sachsen sind gar keine Sachsen, sondern ein Konglomerat, eine Mischung aus oben genannten Kulturen. Das heutige Land Sachsen entstand durch eine dynastische Namenswanderung, sodass man die hier ansässigen Sachsen eigentlich als einen „Irrtum der Geschichte" bezeichnen könnte. Wie nun die deutschlandweit verpönten Leipziger, Dresdner oder Chemnitzer Mundarten (die sich alle voneinander unterscheiden), allgemein als „Sächsisch" bezeichnet, zustande gekommen sind, liegt im Dunkel unserer Vergangenheit.

Die künstlerische Vertreterin des „Sächsischen" ist die 1891 in Leipzig geborene Lene Voigt. Ihre Gedichte sind so umwerfend skurril und komisch, dass man es schon als sympathisch bezeichnen muss. Gut vorgetragen, erheitern sie jeden „Nichtsachsen".

De Säks´sche Lorelei (Lene Voigt 1891 - 1962)
nach der Melodie „Ich weiß nicht was soll es bedeuten"

Ich weeß nich, mir isses so gomisch
Un ärchendwas macht mich verschtimmt.
Sís meechlich, das is anadomisch,
Wie das ähmd beim Mänschen oft gimmt.

De Älwe, die bläddschert so friedlich,
Ä Fischgahn gommt aus dr Tschechei.
Drin sitzt ´ne Familche gemiedlich,
Nu sinse schon an dr Bastei.

Un ohm uffn Bärche, nu gugge,
Da gämmt sich ä Freilein ihrn Zobb.
Se schtriecheltn glatt hibbsch mit Schbugge,
Dann schtäcktsn als Gauz uffn Gobb.

Dr Vader da unten im Gahne
Glotzt nuff bei das Weib gans entzickt.
De Mudder meent draurich: „Ich ahne,
Die macht unsern Babbah verrickt."

Nu fängt die da ohm uffn Fälsen
Zu sing ooch noch an ä Gubbleh.
Dr Vader im Gahn dud sich wälzsn
Vor Lachen un jodelt: „Juchheh!"

„Bis schtille", schreit ängstlich Ottilche.
Schon gibbelt gans forchtbar dr Gahn,
Un blätzlich versinkt de Familche...
Nee, Freilein, was hamse gedan!"

Meine Frau Adam

Eine ganz wichtige Person bei meinen Führungen ist Frau Adam. Sie ist, wie ich erkläre, meine Nachbarin und über 80. Sie begleitet mich immer, zumindest gedanklich, und die Gäste lieben sie. Sie ist ein bisschen die Stimme des Volkes mit ihren klugen Sprüchen, ihren Ratschlägen, die sie in jeder Situation des täglichen Lebens parat hält. Sie darf Dinge sagen, die ich nie äußern dürfte. So voller (mitunter banaler) Weisheiten ... Wer nicht auf der Welt lebt, der weiß doch gar nicht, wie´s ist, zum Beispiel.

Ihre Mutter stammte „vom Lande" und hat früher (zu Friedenszeiten) als Aufwartung bei einer vornehmen Familie in der Neustadt gearbeitet (dort war sie in Stellung, wie sie sagt) und hat sich da die feinen Manieren abgeschaut. Inklusive der Sprache. Sie spricht ein feines „Hochsächsisch", mit der bekannten Konsonanten-Schwäche G und K, D und T, B und P. Das ist die Gelegenheit, um den Gästen von außerhalb – dän Auswärdschn – die Vielfalt unserer Mundarten vorzustellen.

Beim Abschied kommt dann von den Gästen ein etwas verunsichertes „Gibt's die wirklich?"

Der Mensch lebt nicht vom Brot allein

Gästeführer/innen leisten zuweilen Schwerstarbeit. Große Gruppen (normal wären bis zu 25 Personen), manchmal aber mit bis zu 55 Gästen im Schlepp. Mitten durch´s Großstadtgetümmel, Lärm und Hektik, quietschende Straßenbahnen, Verkehrslärm und Besucherströme ignorierend, erledigen sie so nebenbei auch noch Fragen nach einem Bankschalter, einer Taxi- und Gaststättenbestellung, helfen in Notsituationen, suchen nach Bahnverbindungen zu Verwandten und Freunden ...

Glücklich sind sie, wenn alle Gäste die Schönheit unserer Kunst- und Kulturstadt, samt dazu vermittelten Informationen kennen gelernt haben. Manches Foto wurde geschossen, Andenken und Postkarten an die Lieben daheim gekauft und verschickt. Und man ist um ein schönes Erlebnis reicher.

Da ist neben dem Beifall auch eine kleine finanzielle Anerkennung der verdiente Lohn. Ein Ansporn. Vor allem, wenn die Arbeit gut war. Dafür möchten wir uns an dieser Stelle bedanken.

Wenn Sie zufrieden waren, dann erzählen Sie es weiter. Wenn einmal nicht, dann natürlich nicht ...

Zitat

Arwede ruhsch un gediechn.
Was ni färdsch is, bleibd ähmd lieschn.
Halte schdeds de Ruhe heilisch,
nor Vorriggde hamm es eilisch.

Arbeite ruhig und gediegen.
Was nicht fertig ist, bleibt eben liegen.
Halte stets die Ruhe heilig,
nur Verrückte habens eilig.

unbekannter Autor

Impressum

1. Auflage
© 2017 Alwis Verlag e.K.
Edition Dresden-Entdecker
Alle Rechte vorbehalten

Illustrationen: Uta Bettzieche
Satz: TB-Medien, Dresden
Druck: Tisk Horák, Ústi nad Labem

ISBN 978-3-938932-50-6
www.alwis-verlag.de
www.buchentdecker.de

Danksagung

Dank an den Alwis-Verlag, der das Vertrauen hatte, meinen 20-jährigen Erlebnisstau in ein kleines und feines Büchlein zu verwandeln. Dank an Uta für die umwerfend schönen Illustrationen. Nicht zu vergessen: Die vielen Helfer, die layouteten, druckten und das Buch in Form brachten … Dank auch an die Lene Voigt Gesellschaft Leipzig für die freundliche Bereitstellung des Fotos. Dank für Katrins Verständnis für meinen Tunnelblick während des Schaffensprozesses. Es musste sein …

Der Autor

Weitere Titel im Alwis Verlag:

Dresden zum Gruseln

Autor: Mario Sempf
Illustriert von Thomas Zahn

ISBN: 978-3-938932-43-8
Taschenbuch 17,5 cm x 14,0 cm
48 Seiten mit farbigen Illustrationen

Preis: 5,95 Euro

Dresden zum Gruseln – Band 2

Autor: Mario Sempf
Illustriert von Thomas Zahn

ISBN: 978-3-938932-46-9
Taschenbuch 17,5 cm x 14,0 cm
48 Seiten mit farbigen Illustrationen

Preis: 5,95 Euro

Auch in englicher Sprache:
Spooky Dresden
ISBN: 978-3-938932-44-5

Dresden-Entdecker

Die Geschichte von Bleistift, Radiergummi und Spitzer

Autoren: Gerd Sobtzyk / Uwe Stöcker
Illustriert von Heike Georgi

ISBN: 978-3-938932-03-2
Taschenbuch 14,0 cm x 17,5 cm
48 Seiten mit farbigen Illustrationen

Preis: 4,90 Euro

In englischer Sprache:
ISBN: 978-3-938932-30-8

eISBN: 978-3-938932-34-6

Lisa und das Geheimnis der Drachenburg

Autor: Hubertus Rufledt
Illustriert von Mario Kuchinke-Hofer

ISBN: 978-3-938932-37-7
Taschenbuch 14,0 cm x 17,5 cm
48 Seiten mit farbigen Illustrationen

Preis: 4,90 Euro

Troll Ole und Gustav der Igel

Autoren: Gerd Sobtzyk / Uwe Stöcker
Illustriert von Steffen Kraushaar

ISBN: 978-3-938932-12-4
Taschenbuch 14,0 cm x 17,5 cm
36 Seiten mit farbigen Illustrationen

Preis: 4,50 Euro

Wackelohr und Puschelbein
Tierische Reimgeschichte

Autorin: Marion Schuch
Illustriert von Heike Georgi

ISBN: 978-3-938932-47-6
Taschenbuch 14,0 cm x 17,5 cm
48 Seiten mit farbigen Illustrationen

Preis: 4,90 Euro

Edition Krümel

Das Eichkätzchen und die Waldmaus

Text und Illustration: Sandra Mahn

ISBN: 978-3-938932-38-4
Hardcover 20,0 cm x 20,0 cm
44 Seiten mit naturnahen farbigen Illustrationen

Preis: 9,90 Euro

Der Vielfraß und das Schneehuhn

Autoren: Gerd Sobtzyk / Uwe Stöcker
Illustriert von Sandra Mahn

ISBN: 978-3-938932-40-7
Hardcover 20,0 cm x 20,0 cm
44 Seiten mit vielen farbigen Illustrationen

Preis: 9,90 Euro

Zwischen Steppe und Sternenhimmel
Pferdeabenteuer aus aller Welt

Autorin: Josefine Gottwald
Illustriert von Sandra Mahn

ISBN: 978-3-938932-39-1
Hardcover 14,0 cm x 20,0 cm
96 Seiten mit schwarz-weißen Illustrationen

Preis: 12,95 Euro

Natur im Viereck –
Kinder entdecken die Welt.